신동삼 컬렉션

신동삼(申東三)은 1930년 함경남도 정평군 주이면 풍양리(后에 신경리)에서 출생했다. 6·25 전쟁 당시인 1952년에 흥남고급중학교를 졸업했고, 그해 북한의 인재발굴사업인 제1차 동유럽 국비유학생 선발시험에 합격하여 동독의 드레스덴 공대로 유학길에 올랐다. 1955년 4월, 독일 함흥시 재건단(DAG) 통역관으로 파견되어 활동했으며, 그 후 동독으로 돌아가 1956년부터 드레스덴 공대에서 건축학을 전공했다. 1959년 서독으로 망명한 이후, 인천 출신인 제1차 파독 간호사와 결혼하였으니 독일에서 먼저 '작은 통일'을 이룬 셈이다. 1988년 독일 작가 루이제 린저 여사의 도움으로 김일성 주석에게 북한 방문을 청원한 이래 2001년, 2009년 두 차례 방북하여 누이동생과 상봉하고 독일과 북한 간의 과학기술 이동사업을 추진하였다. 1979년에 한국을 처음 방문한 이래 북한 출신 재독 과학자와 그 2세들에게 한국을 소개하고, 그들의 한국 방문을 추진해 오고 있다. 2013년 5월에는 서울대, 조선대 등 전국 5개 대학에서 구동독 함흥시 도시설계 사업에 대한 순회 특강을 한 바 있다. 독일에서 건축가로 일하다 정년퇴직한 그는 현재 마인츠에서 '구동독 함흥시 도시개혁'에 관한 박사 학위논문을 준비하며 평온한 만년을 보내고 있다.

신동삼 컬렉션
– 독일인이 본 전후 복구기의 북한

초판 1쇄 발행일 —— 2013년 6월 20일
발행인 —— 이규상
편집인 —— 안미숙
발행처 —— 눈빛출판사
　　　　　서울시 마포구 상암동 1653 이안상암 2단지 506호
　　　　　전화 336-2167 팩스 324-8273
등록번호 —— 제1-839호
등록일 —— 1988년 11월 16일
편집 진행 —— 성윤미
사진 스캔 —— 신혁(Andree Sin)
사진 보정 —— 이솔
출력·인쇄 —— 예림인쇄
제책 —— 일광문화사
값 29,000원

Copyright ⓒ 2013 by Sin DongSam
Printed in Korea
ISBN 978-89-7409-235-1

NORTH KOREA AFTER KOREAN WAR

The photographs was taken by German in North Korea of 1950's

Collected Photographs by Sin DongSam

신동삼 컬렉션

- 독일인이 본 전후 복구기의 북한 -

독일로 간 한 동포가 수집해

분단된 조국에 바치는

전후 북한의 1950년대

한민족 앨범

눈빛

우리는 소중한 사진을
조건없이 기증해 준
마티아스 슈베르트 교수,
요하네스 슈로트,
클라우스 페터 베르너,
페터 될러 교수,
게하르트 슈틸러 씨의
한민족에 대한 사랑과 노고를
이 책과 함께
영원히 기억할 것이다.

Wir werden die Liebe und Muehe fuer
das Koreanische Volk von den Herren
Prof. Mathias Schubert,
Johannes Schroth,
Claus-Peter Werner,
Prof. Peter Doehler
und Gerhard Stiehler,
die uns diese wertvolle Fotos ohne
Vorbehalt ueberliessen, mit diesem Fotobuch
ewig in Erinnerung behalten.

서문

전 국정원장, 우당기념관 관장

올해는 정전협정 체결 60주년이 되는 해이다. 이 땅에 전화가 휩쓸고 지나간 지 어언 반세기가 훨씬 지났지만 분단의 골은 아직도 깊고 통일은 멀어만 보인다. 최근에는 북한의 핵 개발로 어렵게 조성한 개성공단이 존폐 위기를 겪고 있고, 남북 간의 대화 창구마저 오랫동안 단절되는 등 심각한 상황이 전개되고 있다.

분단 시대의 남과 북은 그 무엇보다도 통일이 최대 민족적 과제인 것은 자명한 사실이다. 그럼에도 불구하고 남과 북은 쌍방의 이해관계에 따라 대화의 창구를 일방적으로 폐쇄하거나 교류를 차단해 왔다. 일제 강점기의 최대 어젠다가 독립이었듯이 분단시대의 최대 어젠다는 통일이어야 한다. 남과 북은 서로 갈등하면서 통일이라는 공동 목표를 향해 함께 나아가야 할 것이다.

평소에 지켜봐 온 눈빛출판사는 사진을 예술적 관점에서뿐만 아니라 역사적 관점에서도 이해하고 있는 흔치 않은 출판사이다. 애써 수집한 사진과 객관적인 편집으로 대한제국과 일제강점기의 독립운동, 한국전쟁 등 한국 근현대사를 보여주는 사진출판물을 지속적으로 출판해 오고 있다. 제한된 독자와 급변하는 출판환경에도 불구하고 사진으로 민족지(ethnography)를 형성하고 있다. 그것은 눈빛출판사 이규상 사장이 사진의 본질인 기록성에 주안점을 두고 있고, 민족사에 대한 남다른 관심과 열정이 있기 때문에 가능한 일일 것이다.

이번에 소개하는 1950년대 중반에 함흥시에 파견되었던 동독 재건단원들이 촬영한 사진들은 전후 복구기의 북한 사회를 이해하는 데 꼭 필요한 사료이다. 전후 북한은 사회주의 국가의 인적, 물적 지원에 힘입어 연 20퍼센트라는 놀라운 경장성장률을 기록했다. 함흥시를 재건하는 데 있어서 동독 기술진의 선진 도시계획 및 건축술은 많은 도움을 주었다. 특히 한국에서는 1960년대에나 볼 수 있었던 '타워 크레인'의 도입은 북한이 참혹한 전화로부터 신속하게 복구하는 데 크게 기여했을 것이다.

한국도 마찬가지였지만 북한도 전쟁의 상흔은 깊은 것이었다. 6·25전쟁은 민족의 비극이었다. 이 컬렉션의 사진들은 그동안 우리가 잘 알지 못했던 1950년대 전후 북한 사회를 이해하는 큰 역사적 단초임에 분명하다. 작은 규모였지만 장이 서고 있는 것을 보면 그때까지 시장경제가 살아 있었고, 1960년대 김일성 일인체제로 변모해 가기 직전의 북한 사회의 속사정도 우리는 이 컬렉션을 통해 충분히 유추해 볼 수 있다.

'신동삼 컬렉션'은 냉전기에 동독에서 서독으로 망명한 북한 유학생 출신 신동삼 선생의 열정과 민족에 대한 책무감에 시작되었다고 한다. 통역원으로 함흥 복구현장에서 일한 바 있는 그는 현재 독일에 생존해 있거나 이미 고인이 된 경우 유족을 수소문하여 독일 함흥시 재건단원들이 남긴 3천여 장의 사진을 수집하고 정리하였다. 이러한 작업에 파독 간호사 출신인 그의 부인과 작은 남북통일을 이뤄 낳은 그의 자제분이 많은 도움을 주었다고 하니 이 컬렉션이 지닌 상징적 의미 또한 남다르다 할 것이다.

이 컬렉션을 통해 우리는 그동안 잘 몰랐던 전후 복구기의 북한 사회의 실상을 이해하고 한민족의 동질성을 확인할 수 있을 것이다. 이 컬렉션은 남과 북이 오해와 불신을 극복하고 민족 통일을 향해 나아가는 데 보탬이 될 것이다. 신동삼 선생의 건강과 눈빛출판사의 분발을 기대한다.

2013년 6월

나의 컬렉션에 대하여

신동삼

1954년 4월 초순, "신 동무! 일주일 후에 동독 함흥시 재건단 통역으로 함흥에 가게 됐으니 준비하시오"라는 동독 주재 북한대사관의 전화가 있었다. 나는 6·25전쟁 때인 1952년 제1차 동독 국비유학생으로 파독되어 라이프치히(Leipzig)에서 반년간 독일어를 배우고 1953년부터 드레스덴(Dresden) 공대 건축과 예과를 끝마쳤으니 독일어를 유창하게 할 수 있었던 때였다. 함흥 근방에 있는 고향 부모 형제들과 이미 1948년에 이별했으니 내게는 7년 만에 이루어진 작은 '금의환향'인 셈이었다.

동베를린 공항에서 동독 재건단 도시계획팀과 합류하여 구식 소련 항공기로 1955년 4월 중순에 함흥에 도착하니 제1차 통역관이며 드레스덴 공대 동창생인 신태인 씨가 우리를 기다리고 있었다.

전쟁이 끝난 직후라 미군 B29의 혹독한 폭격으로 함흥시는 근 95퍼센트 파괴되어 있었던 터라 독일 기술진의 숙소조차 구하기 힘들었다. 잠자리에 필요한 침대 매트리스를 볏짚으로 만드느라 고생하셨던 함흥 아주머니들의 모습이 어제의 일같이 떠오른다.

악조건 속에서도 도시 건설의 체계적인 기반이 되는 마스터플랜이 1955년 5월에 시작되어 10월에는 평양 건설부의 재가를 받게 되었다. 당시 함흥에는 건설자재로는 모래와 점토(진흙)와 인민들의 정열적인 힘(노동력)만 있었던 것이다.

함흥시 재건단의 단장을 비롯해 도시설계가, 건축가, 현장감독, 점토 전문가, 녹색 설계가, 지질학자, 측량사, 심지어 벽돌공까지 근 500명의 독일 기술진이 8년간 여러 인프라 시설을 건설했다. 동시에 북한 건설 일꾼들에게 설계와 건설 기술 등 연수사업도 진행되었다. 동독의 함흥시 총정산서를 보면 8년간 총 180억 원(한국 원화)이 지원된 것으로 기록되어 있다.

40년 후인 독일 통독 전에 동독인 10명과 서독인 11명과 함께 인상적이고 재미있는 한국 관광을 2주일간 한 적 있었다. 이들 중 한 사람이 동독 라이프치히에서 어느 출판인이 『동독과 북한-1954년/62년 함흥시 재건사』라는 출판물이 있다는 것을 알려주었다. 알아보니 이 책의 저자는 당시 동독 훔볼트 대학 한국어학과 조교수였으며, 그 대학의 학과장은 40여 년 전 라이프치히 대학에서 우리 북한 유학생에게 독일어를 가르쳐 주었던 독일 여학생 중 한 명이었다. 그녀를 40년 만에 참으로 기쁘게 다시 만났다.

하루는 그 조교수가 "동독 함흥시 도시 재건 자료를 디지털 정리하여 이것을 전문학계와 관심자들이 이용할 수 있게 하는 것이 좋지 않을까요?"라고 내게 제안을 해왔다. 나는 한국의 통일부와 독일연구원, 그리고 기타 많은 단체와 기관에 이 자료를 디지털화하는 비용 지원을 요청했으나 성과가 없었다. 그리하여 2005년에 서울대 통일연구소와 연결되어 함흥시 재건사업을 소개하고 이 도시개혁의 주요 자료를 제공했다. 또 나는 아직 독일에 살아 있는 동독 함흥시 재건단원을 수소문하여 이들 개인이 소장한 설계자료와 특히 함흥시 재건 당시의 슬라이드와 사진을 수집하기 시작했다.

그 후 근 10년간 함흥시 재건단원인 마티아스 슈베르트 교수(Prof. Mathias Schubert), 요하네스 슈로트(Johannes Schroth), 클라우스 페터 베르너(Claus-Peter Werner), 페터 될러 교수(Prof. Peter Doehler), 게하르트 슈틸러(Gerhard Stiehler)로부터 많은 사진자료를 기증받았다. 이 모든 자료는 반세기 전 것이었으므로 디지털로 정리하기는 대단히 어려웠지만 나는 아들 안드레와 함께 이 자료를 수년간 디지털 파일로 정리했다.

2012년에 「동독 함흥시 도시개혁·설계와 그 지속성」이라는 제목으로 8년간의 동독 함흥시 도시설계 사업을 총괄 정리할 수 있는 박사 학위논문 지도교수를 만나게 되었다. 논문 작성에 필요한 많은 자료를 수집한 후 2013년 봄에 이 프로젝트가 남북 화해의 물꼬가 되겠다는 희망으로 한국의

5개 대학(서울대, 동국대, 인천대, 조선대, 목포대)을 돌며 특강을 했다. 마침 동국대 북한학연구소 홍민 교수의 조언으로 독일 함흥시 재건단의 사진집 발간을 추진하게 되었고, 결국 눈빛출판사에 출판을 위임하게 되었다.

세월이 흘러갈수록 나는 옛 독일 기술진이 진행하였던 함흥시 재건사와 도시계획사를 정리하여 이것을 전문학계에 소개하고 이를 후세에 남겨야 한다는 의무감을 절실하게 느끼고 있다.

파란만장한 내 인생이었지만 동독 함흥시 재건사업 참여는 나의 이팔청춘 시절의 가장 즐거운 추억 중의 하나이다. 특히 8년간 이뤄졌던 동독 건설사업 자료를 논문 형식으로 총정리할 수 있게 된 것과 기술진들이 기증한 역사적인 사진을 사진전문 출판사인 눈빛출판사에서 사진집으로 엮게 된 것을 다행으로 생각한다. 이 두 가지 일은 반세기 전에 떠나온 북녘 동포들에 대한 나의 채무감에서 비롯되었다. 이 책이 분단된 우리 민족의 동질성 회복에 자그마한 역할을 할 수 있게 되기를 기대한다.

끝으로 조건없이 이 사진자료를 제공해 준 독일 함흥시 재건단원 여러분께 감사드리며, 특히 이 사진 자료수집과 디지털 정리를 도와준 나의 아들 안드레와 이 프로젝트 완성에 물심양면으로 도와준 아내에게 고마움을 전한다.

2013년 6월
독일 몸멘하임 포도밭 마을에서

차례

일러두기

1. 이 책에 수록한 사진들은 눈빛아카이브가 접수받은 3천여 장의
신동삼 컬렉션 가운데서 컬러 사진만을 주제별로 분류해 선별한 것이다.
흑백사진은 컬러 사진과 주제가 중복되어 부득이 다른 기회에 소개하기로 했다.

2. 사진설명은 파일에 붙어 있는 것을 기준으로 했으나 지명 표기가 난해하고
이따금 명백한 오기도 보여 전적으로 신뢰하기는 힘든 것이었다.

3. 각 장의 주제가 사진 한장 한장의 포괄적인 설명이 될 것이나 일부 구체적
사실과 설명이 필요한 사진은 뒤에 따로 설명을 붙였다. 이 사료에 대한
관련학계의 연구와 평가가 뒤따라야 할 것이다.

4. 이 컬러 사진의 필름은 주로 아그파(AGFA) 트랜스페어런시(슬라이드)였고,
카메라는 동독산 이하게(IHAGEE) 카메라 기종이었다고 신동삼 선생께서 확인해 주었다.

5. 세월이 많이 흐르고 필름 보관상태가 좋지 않아 스캔하는 데 고충이 있었으며,
스캔 테이터를 수정하고 복원하는 데 많은 시간이 소요되었다. 중요하다고 판단되는
사진은 눌어붙은 자국이 있고 변색이 진행되었어도 그대로 수록했다.

6. 사진을 스캔하고 보정하는 데 독일의 신혁(Adree Sin) 씨와 한국의
이솔(Lee Sohl) 양의 각별한 노고가 있었다. 그들이 아니었으면
이 사진들은 세상의 빛을 보기 힘들었을 것이다.

7. 이 책 말미에 수록한 「남기고 싶은 이야기」는 신동삼 지음, 『동쪽을 넘어
서쪽으로 온 사람(上)』(코람데오, 서울, 2012)에서 발췌 수록한 것이다.

—

[1]

재건하는 함흥시

1955-1957

—

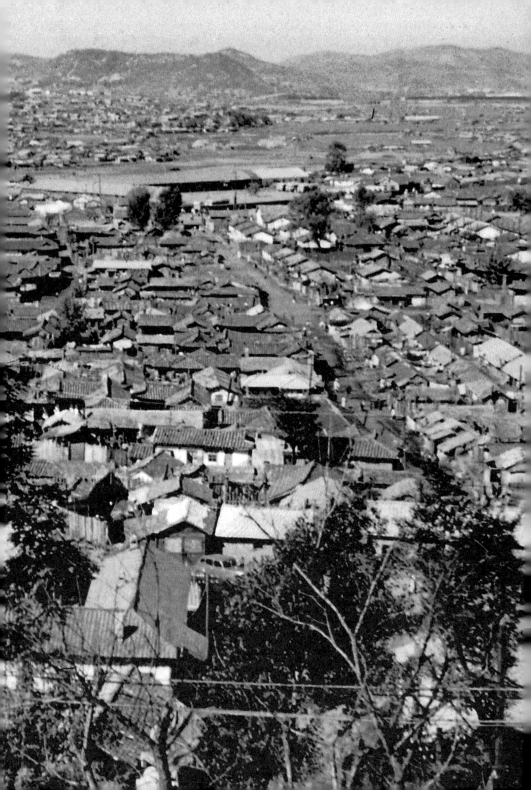

시증계획모형

I : 5000

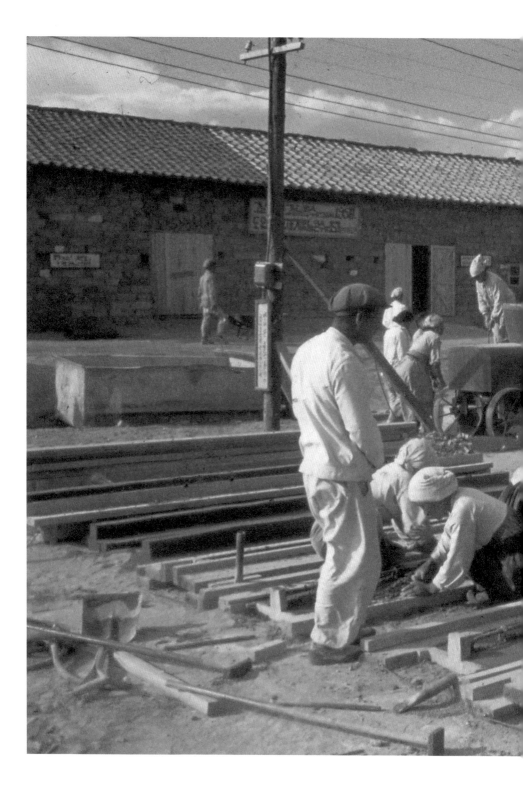

49

—

고려의 도읍지 개성

1955-1956

—

개성 남문.

—

5·1절과 해방 10주년 기념 퍼레이드

1955

—

147

167

171

—

[4]

북녘 사람들

함흥시와 인근에서

1955-1958

—

230

231

245

249

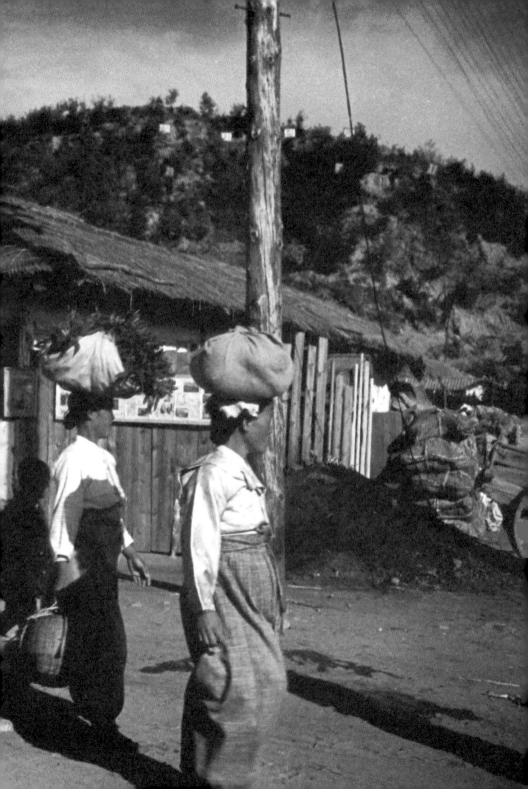

273

332

—

[5]

북녘의 산하

1955-1957

—

성천강.

424

438

445

463

사진설명

10. 고원지대의 누정.

29. 함흥시 총계획(마스터플랜) 모형.

30. 함흥·흥남지역 현황도.

31 위-아래. 동독 함흥시 재건단을 방문해 현지지도 중인 김일성 주석.

32. 함흥시를 방문하는 김일성 주석과 저우언라이 (주은래) 중국 공산당 총리를 환영하기 위해 함흥 역전에 나온 화동과 인솔자.

33 위. 함흥시를 방문한 김일성과 주은래.

33 아래. 탁아소 기공식에 참석한 동독 재건단원들.

34 위. 탁아소 기공식. 아래. 기공식을 마치고 작업 중인 동독 재건단원들.

35. 당시 운항하던 조쏘(소)항공기에서 내리는 동독 재건단원 가족.

122-125. 개성 남대문(남문)

126-129. 송양서원. 1573년(선조 6년) 고려의 학자인 짓몽주가 실던 집터에 모춋덕이라 이름으로 세워저 정몽주와 서경덕의 위패를 모셨다. 1668년(현종 9년)에 김상헌을, 1681년(숙종 7년)에 김육, 조익을, 1784년(정조 8년)에 우현보를 추가 배향했다. 이 서원은 1868년(고종 5년) 흥선대원군의 서원철폐령 때에도 남겨진 47개 사원 가운데 하나일 만큼 유서깊은 곳이다.

131 위. 선죽교

132 위-아래. 공민왕릉과 무인석

326 위-아래. 개성 관덕정. 경기도 개성시 자남동 자남산(子男山)에 있는 조선시대의 누정이다.

337-340. 고원지대의 산간철도

341. 노천광

342-350. 전통혼례식

352-363 함흥시와 함흥 근교. 강은 성천강, 다리는 만세교이다. '만세교'는 왕의 만수무강을 기원하는 뜻에서 태조 이성계가 지은 이름이라 한다.

364. 함흥 근교의 팔용산.

374-375. 수력발전소. 장전호와 부전호와 같은 고원의 물을 끌어다 낙차를 이용해 전기를 얻었다.

384-386. 고원지대의 향교와 누정.

396-403. 동해안

404-407. 청진항

418. 금강산

419. 금강산 구룡폭포

420-421. 해금강

422-423. 강원(북한) 고성군에 있는 삼일포 호수.

424-439. 함흥 본궁. 이 궁은 조선의 태조 이성계가 살던 집으로 현재 북한의 국보 제107호로 지정되어 있다. 이성계가 왕이 된 다음 살던 집터에 개축하여 작은 궁궐을 꾸미고 4대 조상들의 신주를 모셔 제사를 지냈다. 2대, 3대 왕이 된 정종과 태종도 이 터에서 태어났는데, 이성계는 하야한 뒤 이 건물을 본궁이라 부르며 거주하였다.

436. 함흥 본궁의 풍패루.

440 위. 광풍루. 아래. 선화당. 관찰사가 행정사무를 보던 함흥 감영의 본관 건물로 현재 북한의 국보로 지정되어 있다.

441 위-아래. 폐허가 된 환희사.

442-445. 폐허가 된 귀주사. 함흥시 동문 밖인 함경남도 함주군의 설봉산에 있다. 설립 시기는 고려 문종 때인 것으로 알려져 있다.

446-456. 북한의 국보 문화유물 제115호인 용흥사(龍興寺), 함경남도 영광군 봉흥리 백운산에 있는 절이다. 1048년(고려 문종 2)에 창건하여 처음에는 성불사라 불렀고, 1578년(조선 선조 11), 1626년(인조 3) 두 차례 큰 불이 나서 새로 지었다. 지금의 건물은 1852년(철종 3)에 세운 것인데 이때 절 이름도 용흥사로 개명했다. 현재 대웅전, 무량수각, 향로전, 운하루 등이 남아 있다.

457-460. 정화릉. 조선 태조 이성계의 아버지 환조와 의혜왕후의 능이다.

461-463. 덕안릉. 조선 태조 이성계의 고조부 목조와 효공왕후의 능이다. 함경남도 오로군 능리 소재.

남기고 싶은 이야기

신동삼

학교 졸업, 입대. 그리고 유엔군과 교전

6·25전쟁이 치열해진 1950년 7월 중순, 흥남고급중학교 국가졸업시험이 거의 끝나 가고 있었다. 흥남비료공장을 폭격하려는 미군 폭격기 B29가 이미 수차례 날아오기도 하였으나 다행히도 무사히 졸업시험을 마칠 수 있었다. 시험을 치르다 시험문제지를 손에 들고 방공호를 들락날락한 것이 수차례였다. 당시는 소위 국가졸업시험이라 하여 지금처럼 시험장에서 시험지를 받아들고 곧바로 답안을 써내는 것이 아니라, 각 과목에 해당하는 질문지에 답안을 미리 준비해 제출할 수 있었다.

전쟁이 시작되고 2–3주일 내에 전교생의 90퍼센트 이상이 인민군에 입대하였고, 기회를 보며 남아 근 열흘 동안 우물쭈물하던 나를 비롯한 몇몇 친구들도 마침내 입대할 수밖에 없었다. 임시 집결장소인 함흥으로 우리를 태우고 갈 트럭이 있는 흥남역 앞에 모였다. 우리 학급 담임이셨던 수학 선생님이 그곳에 오셨고, 졸업장을 잘 보관하겠다고 약속을 하시며 작별의 손을 흔들어 주셨다. 선생님들의 환송을 받으며 고향을 떠나 군대 생활을 시작하였다.

나는 대부분 학생으로 구성된 소위 507 동해안 방어여단 중기관총 중기 중대에 편입되었다. 소련제인 막심 중기관 자동총이었는데 수냉식이었다. 우리에게도 소련제 A식 보병총이 배급되어, 신기하여 이리저리 살펴보니 1917년이라는 직인이 찍혀 있었다. '헉' 소리가 절로 나왔다. 이 총은 묵직

하고 커서 항상 맨 뒷줄에 따라다니는 꼬맹이 병사들은 이 A식 보병총을 땅에 질질 끌고 다녔다.

석 달 동안 함경북도 동해안 길주 어대진에서 기초 군사훈련을 받았는데 하루는 우리 훈련 숙소였던 학교 마당에 전 연대 병력을 집합시켰다. 영문도 모르고 학교 마당으로 모인 우리 앞에 흰색 내복만 입은 병사 둘이 바들바들 떨며 서 있었다. 탈영하다 붙잡혀 온 것이었다.

연대장은 "이처럼 비겁하게 민족과 인민을 반역하는 반동분자들은 엄중히 처벌해야 한다"라고 큰소리로 비난하였다. 그 병사들이 후에 어떻게 되었는지는 알 수 없다.

얼마 후, 우리는 전선으로 배치가 되었고 고향으로 부쳐 준다고 하기에 우리가 쓴 수많은 편지는 어디로 갔는지 행방이 묘연하다. 그나마 고향에 안부를 전할 길이 막막해졌다. 모르긴 몰라도 군대 지도부가 농간을 부린 것이 아닐까 생각된다.

이팔청춘 젊은 학생들이 대부분인 우리 부대에 마흔 살쯤 되는 한 농부가 섞여 있었다. 하루는 야간 비상경계령으로 숙소에서 2-3킬로미터 정도 떨어진 산기슭에 있는 방공호에 배치되었는데 우연히 이 농부 병사와 함께 근무하게 되었다. 그는 시종일관 벌벌 떨고 있었다. 왜 그러냐고 물어도 아무 대답도 없이 그냥 계속 떨고만 있었다. 아마 이제 진짜 전투가 벌어지는 줄 알고 공포심에 사로잡혔던 모양이었다. 그때는 1950년 10월 말이었고 여전히 여름 군복을 입고 있던 우리들이 야간전투를 하기에는 좀 쌀쌀한 날씨기도 하였다.

어느 날, 저녁 식사를 막 마치고 잠시 휴식을 취하고 있는데 함흥-원산지방에 유엔군이 쳐들어 왔다는 전령이 도착하였다. 우리 507여단은 이에 대항하기 위해 남쪽으로 이동명령이 내려져 야간행군을 시작하였다.

중기중대 제1소대는 운 좋게도 군용 트럭으로 이동하게 되었으나, 내가 속해 있는 제3소대는 걸어서 강행군을 해야 할 불쌍한 처지가 되었다. 일주일 정도 야간 강행군을 하던 어느 날 밤, 오른쪽 대열에서 걸어가던 한 병사가 그만 구부러진 길을 걷다 계곡 밑으로 추락하고 말았다. 맨몸으로 걸어가도 지쳐 떨어질 판에 일주일 동안 20-30킬로그램이나 되는 무거운 중기

미군의 폭격으로
앙상한 잔해만 남은
흥남비료공장. 1950. 11.
눈빛아카이브 사진

관총과 또 총신을 등에 지고 행군을 해야 했으니 반은 눈을 감고 걸어 갈 정도로 피로에 지쳐 있었던 것이다. 나중에 듣게 되었는데 다른 소대에서는 중기관총 밑에 바퀴를 달아 끌고 갈 수 있게 허락하였다고 한다. 아마도 인심이 후한 상관을 만난 덕택이 아닌가 싶었다.

몹시 피곤해서 모두가 제정신이 아닌 상태였지만, 같이 행군하던 전우가 계곡으로 굴러 떨어지는 것을 모든 대원들은 보았을 것이라고 생각한다. 잠깐의 술렁거림이 있었지만 우리 소대는 곧 아무 일도 없었다는 듯 그냥 그대로 묵묵히 어두운 산길을 걸어갔다. 전쟁의 잔인함과 비정함을 깨닫게 된 순간이었다.

우리는 유엔군과의 교전 목적지라고 소문이 있던 고향 함흥 지방에는 가보지도 못하고 함경북도 단천-이원 지방 북쪽에 있는, 작은 소나무가 많은 산언덕에 배치되었다. 그만큼 전선의 상황이 급박하였던 것이 아닌가 싶다. 아닌 게 아니라 다음 날이 되자 벌써 10대 정도 되는 미군 전투기가 날아와서 우리에게 폭격과 기관총 사격을 가하기 시작했다. 인민군에게는 이에 대항할 만한 공군력이 없었으니 우리 부대는 산언덕에서 골짜기로 후퇴해야만 하였다. 그 후에 혼란 속에서 뿔뿔이 흩어진 소속 부대를 찾느라 몇 날

며칠을 이리 저리 헤매 다닌 것으로 기억된다. 미 공군의 공격은 점점 더 심해졌고 어느 날 우리 연대 사령부는 한 철도 터널 안에 자리를 잡게 되었다.

그러던 어느 날 밤, 연대장이 우리 소대 특무장(소대장 대리 하사관)에게 "특무장 동무! 오늘밤에 유엔군의 배치 상황을 잘 정찰하라우! 그러면 훈장하나 줄 테니"라고 명령하였다. 그 명령을 하달 받은 특무장은 내게 "웃기는 소리 말라우. 죽어버리면 훈장이 무슨 소용이 있어!"라고 속삭였다.

며칠 후에 집합해 있던 철도 터널에서 나와 적군과 400-500미터쯤 떨어져 있는 산기슭에 대치하고 있었다. 서로 연방 총질만 해대고 있던 차에 또많은 미군 전투기가 날아와서 맹렬한 폭격을 하고 총탄을 퍼붓기 시작하였다. 사방에서 요란한 아우성 소리와 함께 부상자와 사망자가 속출하였으며혼비백산한 많은 병사들은 산 아래에 있는 마을 쪽으로 달려 내려갔다. 그런데 나는 그 순간에 뭐가 씌었는지, 적진으로부터 직선 사격목표가 되는산등성이를 따라 달렸으니 그만 적군 측에서 보면 소위 말하는 '고정목표물'이 된 셈이었다. 산 아래에 있는 마을로 달려가는 것은 유엔군 측에서 보면 그들의 적이 왼쪽에서 오른쪽으로 이동하는 것이니 소위 말하는 움직이는 '이동 목표물'이었다.

예전에 어느 소설에서 한 선사가 전장에서 비처럼 쏟아지는 석군의 총탄을 무릅쓰고 용감히 싸웠다는 내용을 읽은 기억이 있다. 내가 마치 그 소설속의 한 전사처럼 행동하였던 것이었다. 운동을 좋아하기도 하고 또 잘하는 편이기도 하여 아마 200-300미터는 단숨에 달린 것으로 기억된다. 죽기아니면 살기로 냅다 뛰고 있는데 200미터쯤이나 달렸을까, 소련제 A식 보병총이 땅에 떨어져 있는 것이 아닌가! 달리면서도 총기를 버리고 달아나면어떻게 전쟁을 할 수 있을까라는 생각이 퍼뜩 떠올라서 길에 버려진 총을주워 들고 계속 달렸다. 이런 와중에도 만 가지 생각이 교차하였다. 가장 먼저 떠오른 생각은 총알에 맞거든 즉사하였으면 하는 것과 어머니의 얼굴이었다. 지금 내 이런 모습을 어머니가 보신다면 얼마나 마음이 아프실까!

그런 생각을 하면서도 나는 달리는 것을 멈추지 않았다. 겨우 언덕 아래에 도착하여 잠깐 쉬고 있으려니 그제야 '지금 내가 살아 있구나! 어머니가나를 보호해 주신 것이다'라는 생각이 들었다. 옆에 있던 한 병사의 목소리에 정신을 차려 보니 왼손에서 피가 흐르고 있었다. 그 후 며칠 동안 유엔군과 서로 옥신각신하며 총질하다 다시 왼쪽 손가락에 부상을 당하였다. 그리하여 3개월 동안 중국 하얼빈으로 후송되어 치료를 받게 되었다.

동독 국비유학생 선발

후송 치료를 위해 트럭을 타고 함경북도 성진, 길주, 3개월간 군사훈련을 받았던 어대진을 지나서 청진, 부령까지 가게 되었다. 그날 저녁, 식사를 하려고 밥상 앞에 앉았는데 마주앉은 젊은 육군 소위의 얼굴이 많이 낯이 익었다. 통성명을 하고 보니 흥남화학전문학교 학생으로 1년 후배가 되었다. 그 학교는 운동경기에서 내가 다니던 흥남고급중학교와 항상 라이벌이었다. 한참을 이야기하다 무심코 젊은 소위의 흰색 양말에 시선이 갔다. 새것으로 보이는 흰색 양말을 신고 있는 것을 보면 전방에 군수용품을 공급하는 소위 '후방 부대'에 배속되어 있는 모양이었다. 참 세상은 불공평하다는 생각이 들었다. 나의 그러한 시선을 느꼈는지 깨끗한 양말을 신은 소위는 겸연쩍은 표정으로 자리를 좀 옮겨 갔다.

다음 날 회령, 종성, 두만강 국경도시인 온성군을 거쳐 중국 하얼빈시 근방에 있는 인민해방군 야전병원에서 3개월가량 치료를 받은 후에 자강도 강계시에서 일하게 되었다. 우리 속담에 따르면 '남남북녀'라 하였는데 당시 강계에는 어여쁜 아가씨들이 눈에 띄지 않아서 서운하였다. B29의 폭격을 피해 모두 피난을 간 것일까.

하루는 자강도 교육부장이 처음으로 동구라파로 파견되는 유학생 모집이 있으니 응시를 해보라고 권하였다. 내심 돌파구를 찾던 내게 기회가 온 것이다. 이때 마침 인민군 육군 장교로 강계시에 출장오신 큰형님께 상의를 드리니 적극적으로 찬성하여 주셨다.

다행히 시험에 합격하여 도청에서 일하던 청진 친구와 같이 여러 날 트럭을 타고 평양 교육부에 도착하였다. 그곳은 압록강 하류 용천군에 위치한 비교적 안전하다는 유학생 속성학원이었다. 우리는 그곳에 머물며 군대생활을 하면서 많이 잊어버린 러시아어, 수학. 기타 자연과학 공부를 복습하게 되었다.

당시 자강도의 험준한 산골짜기 강계에서 평양까지 무연탄 트럭을 타고 B29의 폭격을 피하며 평양에 어떻게 도착했는지 떠올리기조차 싫다. 또 미군의 공습관계로 고향 정평군에 계시는 부모님과 작별인사라도 하려던 애초의 계획은 포기해야만 하였다.

1952년 단풍의 계절이 시작될 무렵인 가을, 평양 교육부 고위 관리가 학원에 와서 제1차 동구라파행 유학생 명단을 발표하기로 되어 있었다. 참혹한 전쟁터에서 빠져 나오게 된 것만 해도 감지덕지한 일인데 동구라파에서 공부까지 할 수 있게 되다니, 세상에 무서울 것이 없다는 듯한 젊은이들의 기대와 희망에 가득 찬 눈동자들만 보였다. 해방 직후부터 소련에는 많은 북한 유학생들이 파견되었지만 동구라파 유학은 6·25전쟁 당시인 1952년에 시작되었다.

처음으로 호명된 수십 명은 소련 유학생으로 선발된 명단이었고, 여기에 강 씨(후에 매제가 됨)도 포함되어 있었으니 우선 안심이 되었다. 초조하게 기다리던 차에 "신동삼!"이라는 소리가 들렸다. 하도 믿기지가 않아서 질문을 하였다.

"확인하려고 합니다. 납 신(申)에, 동녘 동(東), 석 삼(三)입니까?"

"그렇소."

재차 확인을 한 순간, 정신이 그만 오락가락하였으며 그 순간에는 온 세상이 내 것만 같았다. 내가 첫 번째 동독 국비유학생으로 선발된 역사적 순간이었다.

이처럼 뜻하지 않게 모든 일이 순조롭게 진행되었고, 마침내 행운을 거머쥔 37명의 첫 번째 동독 국비 유학생 일행은 선발되지 못한 친구들에게 조금은 미안한 마음을 가지고 보무도 당당하게 동독으로 가기 위해 평양역에 집합하였다.

1952년 9월 초에 기차를 타고 신의주에서 압록강을 지나 안동(단둥)에 도착하여 오래간만에 백반 식사를 할 수 있었으니 지옥에서 천당으로 온 셈이었다. 하지만 흰 쌀밥을 먹고 과식을 하는 바람에 많은 친구들이 배탈이 나서 고생을 하였다.

우리는 소위 '시베리아 횡단 열차'에 몸을 실었다. 기차 안에서 2−3일 동안은 지금까지 긴장하였던 마음과 몸이 좀 풀렸다. 아득히 지평선만 보이는 광활한 러시아에 환호가 절로 나왔고, 지나간 일들이 달리는 차창 너머로 주마등처럼 스쳐 지나갔다. 그런데 3~4일을 그렇게 지내고 나니 변화 없고 할 일 없는 기차여행이 지루하게 되었다. 전쟁터에서 곧바로 오다 보니 제대로 준비하지 못하고 얼떨결에 출발을 해서 기차 안에서 조용히 읽을 수 있는 책 같은 것은 챙겨 올 엄두도 내지 못하였다. 우리 37명 유학생이 가져온 번듯한 물건이라곤 단체로 맞춰 준 양복 한 벌과 당시 공산 진영에서 유행하였던 레닌 모자(도리우치)가 다였다. 그마저도 나라에서 주는 특별한 혜택이었다.

궁여지책으로 우리는 기차 창문에 있는 나사못을 뺐다가 다시 제자리에 끼워 보기도 하고 심지어는 작은 물통 던지기까지 하면서 찾아서 할 수 있는 장난이란 장난은 다 했던 것으로 기억된다.

그러던 차에 유명한 바이칼 호수 근처에 이르렀을 때 기차 안이 갑자기 소란해졌다.

"야! 너희들은 잘사는 나라 독일로 가고 왜 우리는 농사꾼 나라인 못사는 몽골로 가야 된단 말이냐? 이같이 불공평한 세상이 어데 있어? 참 개판이란 말이야!"

10여 명의 몽골 유학생이 소리소리 질러가며 자신들의 불평을 노골적으로 드러내는 것이 아닌가.

"이것 봐! 그런 말은 평양 교육부 사람들에게 할 것이지, 우리가 들을 말은 아닌 것 같은데. 우리는 죄가 없거든. 당의 지시대로 따를 뿐이지."

많은 전우들이 지금 이 시간도 그 잔혹한 전쟁터에서 목숨을 걸고 싸우고 있는데 선발되어 외국으로 유학을 가는 특별한 처지의 학생들이 이러는 모습을 보며 인간의 욕심은 끝이 없다는 생각이 들었다.

이 작은 소란은 곧 진정되었으며 우리를 실은 시베리아 열차는 서쪽으로 서쪽으로 계속 달렸다. 수많은 죄수들이 유배되었다는, 코사크 족들에게 정복도 당하였다는, 무진장한 지하자원이 묻혀 있다는, 그리고 또 유명한 러시아 문호들로 하여금 자랑스럽게 노래하게 하였던 백양나무가 빽빽이 들어찬 아름다운 강변이 있는 넓고 넓은 시베리아에서 서쪽을 향하여 달리고 또 달렸던 것이다.

이렇게 떠났던 길이 두 주일이나 되는 여정이 될 줄이야! 마침내 10여 일 후에 기차에서 내릴 수 있었다.

"야! 모스크바 크레믈린(크렘린)광장이다!"

10층 이상의 웅장하고 화려한 호텔에 투숙하게 되었으며 항상 말로만 듣던 크레믈린 광장을 직접 볼 수 있었다. 그 많은 방과 복도에는 다양한 모양의 현란한 융단이 깔려 있어 여기가 진짜 천당이 아닌가 싶었다. 저녁에는 난생처음, 더운물이 콸콸 나오는 목욕탕에서 그때까지 몸에 쌓였던 때를 전부 처리하였다. 깨끗이 목욕을 하고 옷을 갈아 입은 우리 일행 37명은 큰 식당 만찬장에 자리를 잡고 앉았다.

당시에는 '스몰 토크(잡담)'라는 것도 전혀 몰랐고 서로 앞에 앉은 친구 얼굴만 멍하니 바라보고 있던 차에 "쨍" 하는 소리가 나서 보니 동행인 한 여학생이 처음 보는 식사용 칼을 땅에 떨어뜨리고 얼굴이 빨개져 안절부절 못하고 있었다. 처음 보는 식도(knife)였으니 그럴 만도 하였다.

희망과 꿈을 찾아 가는 길이지만 언제 돌아올지 모르는 여정이니 고향의 부모님께 작별인사를 드려야 했지만 압록강 하류에 있는 용천에서 동해안 함흥 근처 고향까지는 민 일이고 또 시도 때도 없이 날아다니던 미 공군 쌕쌕이 전투기 때문에 찾아뵐 수 없었다. "부모님! 잘 갔다 다시 오겠습니다!"라는 말씀도 드리지 못하고 떠나온 것이 못내 마음에 걸렸다.

동독 라이프치히에서 처음 배운 독일어

1952년 가을, 2주일간 시베리아 횡단열차 여행을 무사히 마치고 최종 목적지인 동독 작센 주에 있는 라이프치히(Leipzig)에 도착하여 가지고 온 자그만 보따리를 풀게 되었다. 커다란 공원 옆에 있는 3층짜리 중세기 건물인 학생 기숙사에 첫 번째 동독 유학생 37명이 입실하게 되었다.

기숙사 각 방에 2-3명씩 배치를 받았다. 이듬해인 1953년 가을에 동쪽 도시에 있는 드레스덴(Dresden) 공대에 입학하기 위해서 우리는 독일어를 배워야 하였다. 1945년 해방이 될 때까지는 '국어상용'이라면서 소학교 어린이들은 일본어 사용을 강요당하였다. 해방 후에야 겨우 우리말을 마음 놓고

동독에 도착해 환영식
에 참가한 북한 유학
생. 1952

배우게 되었으며, 중학교에서는 외국어 과목으로 영어를 선택할 수 있었다. 1948년쯤에는 또 러시아말(노어)을 배우라는 지시가 내려왔다. 그 무렵 천자문 공부도 시작하였다. 한자를 계속 공부하지 못한 것이 참 후회된다.

처음 배우게 되는 독일어는 문법이 체계적인 편이어서 이해하기는 비교적 쉬웠다. 하지만 무음의 '자음'인 F, V, W는 우리말에는 없는 발음이고, 또 R는 독일과 프랑스에서는 목 안에서 나오는 '리을'로 발음하는 것이라 여간 까다로운 게 아니었다. 더욱이 우리말에도 R와 L를 구별하는 두 가지 발음이 있으나 훈민정음에는 'ㄹ'로만 일괄적으로 사용되고 있으니 서양말을 배우는 우리에게는 어려움이 적이 않았다. 예전에 최현배 선생의 「한글맞춤법통일안」에서 R는 'ㄹ'로, L는 'ㄹㄹ'로 하자고 하였고, 또 무음의 '자음'은 'ㅂㅎ'으로 하자고 제안한 것으로 기억된다. 어찌 보면 그것이 더 타당할지도 모른다. L과 R의 발음 문제의 실례를 들어 설명하면, Radio를 우리는 Ladio 혹은 Nadio라고 말하기 쉽다. 이처럼 서양 발음인 R로 시작되는 발음을 우리말 발음으로 소리내기가 실질적으로 곤란한 것이다.

특히 독일어에서 흥미를 끄는 점은 명사 앞에 남성, 여성, 중성이라는 정관사가 붙는다는 것이다. 태양은 여성, 책은 중성, 사람은 남성이다. 관사는

드레스덴 공대에
입학한 북한 유학생.
뒷줄 왼쪽에서
두번째가 필자. 1952
아래, 라이프치히에서
독일어 연수할 때의
북한 유학생들.
뒷줄 오른쪽에서
두 번째가 필자. 1952

경험상, 왜 어떤 것은 남성이고, 여성이고, 중성으로 분류되는지 논리적으로 따지지 말고 무조건 암기하는 것이 바람직하다.

독일어 문장에서 주문장을 설명하거나 수식하는 부문장은 보통 주문장 뒤에 접속사로 연결된다. 예를 들면, "나는 1년 전에 알게 된 사람을 우연히 오늘 다시 만났다"라는 우리말 문장을 독일말로 하면 "나는 우연히 오늘 다시 만났다. 1년 전에 알게 된 사람을"이다. 접속사로 연결하여 주문장을 수식 혹은 설명하는 부문장이 되는 것이다.

특히 기억에 남는 것은 라이프치히 종합대학 예과 여학생들이 우리 유학생 2-3명씩을 담당하여 독일어를 과외 학습시켜 준 일이었다. 43년 후에 당시 우리 유학생들을 친절하게 도와주던 여학생 한 명을 만나게 되었는데 이미 할머니가 되어 있었다. 이 여성은 한국어를 유창하게 하지는 못했으나 쓰는 것과 읽는 것이 훌륭하여 베를린의 훔볼트 대학에서 한국어학부 학장으로 재임하고 있었다.

라이프치히 기숙사에서 우리의 독일어 공부는 오전 6시. 옛 인민군장교였던 백 씨의 기상 트럼펫 나팔로 시작되었다. 아침 식사를 한 후 8시부터 12시까지 37명이 두 반으로 나뉘어 4시간 수업을 받고 점심 이후는 자유 시간이었다. 우스운 이야기로 우리 일행 중 한 친구는 독일의 아침용 작은 빵(Roll = Broetchen)을 그 자리에서 21개나 먹었고, 또 다른 친구는 큰 빵 두 덩어리를 한 번에 처리하였다니, 아무리 전쟁터에서 굶주렸던 젊은이들이었다지만 놀랄 만한 일이지 않은가.

오전에 독일어 수업이 끝나면, 따뜻한 감자와 여러 종류의 고기와 샐러드로 이루어진 점심을 하고 오후 2시경부터 운동, 음악, 산책 등 자유시간이 주어졌다.

독일 함흥시 재건단(DAG) 통역관으로

"신 동무! 다음 주일에 독일 함흥시 재건단 통역으로 가게 되었으니 그리 알고 준비하오."

1955년 4월 어느 날, 독일 주재 북한 대사관으로부터 급한 전화가 왔다. 지난해에 통역관으로 함흥에 다녀온 신태인 동무가 아마 나를 제2차 통역

함흥시 혜성동 앞에서
독일 함흥시 도시설계
팀과 북한 일꾼들이
기념촬영을 했다.
가운데 밀짚모자를 든
이가 필자. 1955

관으로 추천한 모양이었다.

　드레스덴 공대의 친한 몇몇 친구들과 이별 잔치를 하고 4월 초순에 동베를린 공항으로 갔다. 중형 소련 여객기로 베를린-모스크바-노보시비르스크-이루크츠크-평양행으로 기억 되는바 비행중 기내는 무서울 정도로 진동이 심하였다. 그리고 중간 경유지에서는 주로 닭고기를 곁들인 식사를 하였다. 물론 생전에 처음 본 흰눈이 쌓인 4월의 시베리아 산맥들은 아직도 잊을 수 없을 만큼 인상적이었다. 소련 기술자들도 함께 타고 있었다. 불편한

청사 앞에서 함흥시 일
꾼들과 기념촬영한 독일
기술진. 1956

3–4일간의 비행 후에 나는 평양공항에 도착해 먼저 와 있던 독일 기술진과
합류하였다.

그날 저녁에 평양에서 함흥행 열차에 같이 몸을 실은 독일 기술자들
은 함흥시 복구사업을 위한 핵심 인물들이었다. 베를린 건설 아카데미
(Bauakademie)의 될러(Doehler), 제2차 세계대전 때 독일 장교로 참전하였다
는 가장 나이가 많고 전형적인 영국인 타입의 상이용사이며 멋쟁이였던 절
뚝발이 테그트마이어(Tegtmeyer), 드레스덴 공대 건축학과를 막 졸업한 젊
은이 슈틸러(Stiehler)와 북부 독일 출신이며 항상 뒤에 서서 겸손하고 마음
이 착했던 골덴(Golden), 4명이 정원인 열차 캐빈(cabin)에 8명이 배치되는
바람에 나와 온 밤을 한 침대에서 괴롭게 지낸 독일인 여비서 발리(Walli) 등
으로 기억된다(현재 그중 슈틸러 씨만 생존해 있음).

함흥시 재건 독일 기술진의 도시계획 설계 팀장인 바이마르(Weimar) 공
대 출신의 퓌셀(Pueschel) 씨는 나와 한 팀에서 일하게 된 것을 몹시 기뻐하
였다. 이 건축가는 함흥에서 일을 끝낸 후에 그들의 사업 자료를 동독 데사
우–바우하우스(Dessau–Bauhaus, 나중에 DB로) 건축공예학교 아카이브에
제공하였다. 독일 바이마르 시는, 독일의 두 문호(文豪)인 괴테와 실러의 동

독일 함흥시 재건단을
방문한 김일성 주석.
함흥, 1956

상이 있고, 1920-30년대 세계 건축학에서 선구자적 역할을 하였던 바우하
우스의 첫 소재지이며, 또 학술적 연구대상인 독일 함흥시 재건팀 사업자료
를 소장하고 있다.

  6·25전쟁으로 폐허가 된 함흥시에 토착된 독일 기술자 일행의 숙소 해결
도 곤란한 문제였다. 임시방편으로 마련한 숙소와 사무실겸 설계실에서 함
흥시 재건사업을 위한 첫 걸음인 도시계획 설계팀의 설계 작업이 시작되었
다. 그 옛날 개구쟁이 친구들과 어울려 종종 영화구경을 다녔던 함흥의 명
보극장은 전쟁 때 폭격으로 완전히 부서져 버렸고 앙상한 철근만 남아 그
자리에 건물이 있었다는 것을 말해 주고 있었다.

  도시계획을 세우려면 우선 좋은 설계 구상안(good idea)이 있어야 하는데
함께 독일에서 온 설계자들은 실력이 대동소이하여 이렇다 할 설계안을 내
놓지 못하였다. 그래서 의논 결과 현상모집을 하기로 하였고, 그 결과 우수
한 3개의 설계안을 취사선택하여 그것을 기반으로 설계 초안을 작성하였
다. 이 세 설계안을 종합하여 1955년 말에 함흥시 마스터플랜(master plan,
종합계획)이 완성되어, 그해 말 평양 건설부에서 심사 및 결재회의가 열렸
다. 이때 함흥시 도시계획 설계안을 책임자격인 독일인 건축가가 설명을 하

였다.

"원래 사회주의적인 도시계획을 설계하자면…"이라고 시키지도 않은 사설을 늘어놓자 동석하였던 독일 기술진 단장이 "그렇게 거창하게 말할 필요 없다"라고 독일어로 슬쩍 주의를 주었다. 일제 강점기 때 일본 동경에서 건축학을 전공하였다는 고집불통처럼 보이는 평양시 주임 건축가는 독일 사람들의 설명만 들을 뿐, 이에 대해 전혀 반론을 제기하거나 발언을 하지 않았다.

이리하여 독일 기술진이 제안한 함흥시 종합계획안은 무사히 통과되었다. 이 기본 설계에 따라 함흥시 재건사업이 본격적으로 시작되었다. 좋은 출발이었다. 현재의 도시계획 전문용어인 근린주구(近隣住區) 방식을 응용하였다. 최근 나는 '함흥시 도시건설 설계·계획과 그 지속성에 대한 연구논문'을 준비할 계획이었는데 마침내 2012년 봄에 함부르크 대학에서 학위논문 주제로 인정되었다.

이 도시계획에 적용된 기본 이론은, 1920-30년대 미국의 전문 도시계획가, 사회학자의 이론으로 발전된 도시계획 기본단위인 근린주구 (Neighborhood = Wohnkomplex) 방식이었다. 나는 2013년에 함흥 도시계획

독일 재건단원이
머물던 숙소.

사를 한국에서 특강으로 소개한 적이 있다.

당시 평양 건설부에서 함흥시 기본설계도 토론회에 참가하였던 독일 기술자들이 미국산 지프를 타고 김일성광장을 지나가게 되었다. 동석하였던 독일 토목기사가 운전기사에게 속력을 좀더 높여 보라고 해서 무슨 영문이냐고 물으니 주행중의 진동과 관계되는 도로포장 상태를 테스트하려고 한다는 것이었다. 전문가다운 그의 세심함에 새삼 감탄하였다.

함흥시 재건사업은 1954년부터 본격적으로 추진되었으며 당시 동독 드레스덴 공대 학생이었던 신태인 씨(후에 동독 주재 북한 대사)가 독일 기술진의 첫 통역관으로 함흥에 부임하였다. 이듬해 1955년 봄에 내가 두 번째 통역관으로 파견되었으니, 1948년에 고향을 떠난 지 7년 만에 금의환향한 격이었다.

'옛 파쇼도당들이 하던 식인데'

1954년부터 8년간 계속된 이 국제적인 대공사에 근 500명이나 되는 동독 건축 일꾼들이 동원되었다. 함흥시는 옛적부터 함경남도 행정, 문화의 중심도시였다. 6·25전쟁으로 95퍼센트 이상이 파괴되었으니 함흥시 재건 기술

북한 일꾼들을
교육중인
슈베르트 교수.

480

북한 일꾼과 작업중인
독일인 전공.

단은 우선 도시계획 설계진을 비롯하여 도시 재건에 필요한 각 부서 일꾼들
및 기타 긴급히 필요한 건축자재를 공급하기 시작했다. 주택난 해결이 최우
선 긴급 과제였고 이에 필요한 설계와 건축자재의 규격 표준화에 주력하여
효율적인 조립식 시공방법을 실현하였다. 우선 개인당 주택 거주면적이 6.5
제곱미터로 규정되었으니 5인 가족인 한 가정의 거주면적은 30~40제곱미
터였다. 심지어 우리나라의 전통적인 주택 건재인 점토 전문가도 독일에서
직접 파견하여 점토 벽돌공장을 지음으로써 시급히 필요한 주택 건설에 많
은 도움이 되었다.

  그 후 점진적으로 시멘트공장, 채석장, 음료공장, 얼음공장, 전화, 체신
청사, TBC병원, 함흥 만세교 준공 등 많은 건물과 시설물이 지어졌다. 이미
언급한 것처럼 함흥시 재건 마스터플랜은 1955년 말에 완성되었으며, 그해
가을에 평양시 건설부에서 평가, 심사하여 무사히 통과하였다.

  이제와 돌이켜 보건대 역사와 문화 그리고 기질이 전혀 다른 사람들이 함
께 모여서 설계도 하고 현장에서 공사도 같이한 이 60여 년 전의 일은 전례
가 없는 역사적 업적이 아닐까 싶다. 물론 처음부터 만사가 원만하게 진행

된 것은 아니었다 어느 더운 여름날, 현장공사 상의 기술문제를 의논하던 중에 양국 기술진 간에 심한 의견충돌이 생긴 적이 있었다. 그런데 한 북한 일꾼이 "아니! 이 독일 친구들이 하는 식이 옛날 파쇼들이 하던 버릇이 아니요?"라는 엉뚱한 발언을 한 것이다. 당황한 내가 지금 한 말을 그대로 독일 손님들에게 전하겠다고 으름장을 놓으니 우리 일꾼들이 다소 진정하는 듯싶었다.

"앞으로 이런 경우에는 좀 진정을 하신 후에 말씀을 계속하시는 것이 나을 듯합니다. 만리타국에 와서 수고하는 손님들 아닙니까?"

"예! 잘 알았습니다. 앞으로 조심하겠습니다."

이렇게 하여 천만다행히 충돌 사태가 수습되었다.

당시 에피소드 몇 가지가 생각난다. 동독의 총리 아들인 한스(Hans Grotewohl) 씨가 책임자로 있는 일반 설계실에서 생긴 일이다. 독일 기술자가 청사 설계에 한국의 전통적인 설계공법을 적용하겠다며, 한국의 관(棺)

창고에 있는 합각머리의 수직형 목재장식을 독일 기술단 청사 설계에 모방하였던 것이다. 기술단 청사 상량식에 참석한 우리 함흥 건축가들이 이것을 보고 놀라서 질문을 하였다.

"참고할 만한 다른 공법도 많은데, 왜 하필 관에 쓰는 형식을 모방하였습니까?"

"우리는 그것이 무엇인지 자세히 알지 못하였습니다."

"서로 종종 만날 기회가 많았는데…. 설계하기 전에 묻기만 하였어도 더 나은 건물을 지을 수 있었을 것입니다."

우리 일꾼들은 그 일을 몹시 아쉬워하였다.

우리 재건팀에 있던 한스 씨가 하루는 기숙사에서 담배를 피우고 있는 것을 보고 "산 좋고, 물 맑고, 경치와 인심 좋은 이곳 함흥에서 아이가 태어난다면 그 아이는 자식들 중에서 가장 똑똑한 아이가 될 텐데" 하면서 타국에 와서 일하는 그를 놀리던 기억이 새롭다. 그 말에 그냥 빙그레 웃던 그도 이제는 이 세상 사람이 아니다.

또 다른 에피소드는 함흥에 왔던 독일 기술자들 중 독신인 어떤 사람이 함흥 아주머니와 하룻밤을 지내고 그 대가로 손목시계를 주었는데 젊은 함흥시 경찰서장이 그것을 회수해 독일 기술단 단장에게 돌려준 일이 있었다. 물론 "누구 시계냐?"고 묻는 단장의 질문에 대답하는 사람은 아무도 없었다.

"고지식하기는, 사전에 내가 알았다면 경찰서장에게 귀띔이나 해주었을 것을…."

독일 자전거를 타고 고향으로

함흥에 온 지 일주일 정도 지났을 무렵이었다. 도시계획 팀장 퓌셀 씨가 "이제 시간을 좀 내서 고향집에 가서 부모님께 인사를 드려야 하지 않겠소?" 한다.

우리 집은 함흥에서 10여 킬로미터 떨어진 지경읍을 지나가는, 배산임수(背山臨水)에 자리 잡은 마을로 신 씨 집성촌인 풍양리이다. 일제 강점기 때 소학교 개구쟁이 친구들과 함흥 명보극장에서 영화 구경을 하고 돌아오려

면 족히 서너 시간은 걸렸다.

마침내 부모님을 만나러 가게 되었다. 고향집에 간다는 이야기를 들은
친구 신태인 씨는 독일 창고장에게 부탁하여 쌀을 좀 가져가라고 하였다.
6·25전쟁이 끝난 지 몇 년 되지 않았으니, 금보다 귀한 것이 쌀일 터였다.

입쌀 몇 킬로그램을 독일 건설진 전용 독일제 자전거에 싣고 7년 만에 고
향을 향하여 떠났다. 조선의 시조인 태조 이성계가 말을 타고 활쏘기를 하
며 지나다녔다는 팔용산을 오른쪽에 보며 성천강 만세교를 지나서 흥산(지

경)행 신작로를 달렸다. 아마 지금으로 말하면 국도라 할 수 있는데 아직 짜개돌(자갈) 포장이어서 자전거 타기가 이만저만한 힘든 것이 아니었다. 그러나 곧 만날 부모형제 생각을 하니 마음은 날아갈 듯하였다.

함흥에서 30리 되는 지경, 흥상을 지나서 고향 풍양리 앞에 있는 이 씨들의 집성촌인 복흥리 언덕을 지나니 꿈에도 그리던 고향마을이 가까이에 나타났다. 예전에 고향 아주머니들을 도와준다면서 말썽을 많이 피우곤 하였던 우리 집 방앗간은 변함없이 그대로였다. 때마침 그곳에서 방아질을 하던 한 아주머니가 "아니! 아주버이, 오래간만이오. 어데서 그렇게 오랫동안 계셨고? 잘 돌아왔소. 이상 더 기쁜 일이 어데 있겠소!"라고 인사한다.

그런데 뒷마당 높은 울타리에 있던 키가 큰 백양나무가 보이지 않았다. 소학교에 다닐 때 집에 있던 소형 라디오의 쇠줄 안테나를 달아 놓곤 하던 큰 나무였는데 흔적도 없이 사라졌다. 알고 보니 미군 쌕쌕이 전투기에 폭격을 당하였다는 것이다.

"어이구! 동삼이, 자네가 살아서 다시 이렇게 돌아왔구만!"

대문을 들어서는 나를 보고 어머니는 너무 놀라고 기뻐서 어쩔 줄을 몰라 하셨다. 옛날 소학교 일학년 때 학급에서 1등한 성적표를 보시고 기뻐하시

북한 일꾼들이 객지에서 생일을 맞이한 독일 재건단원에게 보낸 생일 축하카드. 1956

던 모습과는 비교도 할 수 없는 표정을 지으며 안절부절못하셨다. 그런 어머니를 끌어안고 한참을 있었다.

방에 들어가 큰절을 올리고 새삼 감회에 젖어 벽에 걸려 있는 동독에서 내가 보낸 사진들을 쳐다보았다.

"이것 좀 봐라! 서넛세 사진 속에서 매인 우리를 내려다보던 자네가 이처럼 꿈같이 나타날 줄이야…"

어머니는 하염없이 눈물을 흘리셨다.

저녁이 되니 아버지가 돌아오셨다.

"저 왔습니다. 그간 고생이 많으셨지요?"

"응, 왔냐" 하시고는 별 다른 말씀을 하시지 않았다. 원래 아버지는 말씀이 적고 무뚝뚝하셨다.

나는 독일 기술단 창고장에게 얻어 온 쌀을 어머니께 드리고 보드카 한병을 아버지께 드렸다.

"아버지, 이것이 마호쟁(러시아 사람들을 칭하는 사투리)들이 좋아하는 독주랍니다."

"그려? 귀한 것이니 옆집 할아바이도 한잔 드려야지!" 하시더니 동네 할아버지들을 모두 부르시는 것이었다.

위, 독알 함흥시 재건단
통역원으로 일할 당시
건설현장으로 필자를
찾아온 누이동생과
함께. 1955
아래, 46년 만에
상봉한 누이동생과
함께. 평양, 2001

"허참! 우리 셋째 아들이 제일이오. 이런 귀한 술도 갖다 주고…."

은근히 내 자랑을 하시며 연신 '허허' 하셨다.

어머니는 참 오래간만에 백반[쌀밥]으로 저녁식사를 할 수 있게 되었다며 신이 나서 펄펄 뛰어 다니시며 젊은 새댁처럼 식사준비를 하셨다. 마치 어제의 일처럼 그 장면이 아직도 눈에 선하다.

며칠 뒤에 흥남에 계시던 두 형님이 집에 오셨다. 모처럼 가족들이 전부 한자리에 모이게 되었다. 다음 날 방앗간 옆에 있던 시장으로 가는 오솔길에서 세 아들은 부모님께 작별인사를 올렸다.

"애들아! 언제 또다시 너희 셋을 이렇게 같이 만날 수 있겠느냐!"며 어머니는 멀어져 가는 우리 세 아들을 향해 하염없이 손을 흔들며 서 계셨다. 그것이 어머니와 우리 세 아들이 함께한 마지막 순간이 될 줄을 그 누가 알았겠는가. 그래도 어머니가 정성껏 차려 준 밥상과 숭늉, 누룽지 맛을 근 10년 만에 다시 맛볼 수 있었으니 그나마 위안이 되었다.

1955년 말, 다시 드레스덴 공대 본과에서 공부를 계속하기 위해 함흥에서의 내 업무를 마무리하였다. 동독으로 돌아가기 전에 고향을 다시 한 번 방문하였다.

"이것 봐! 그 뭔 머리를 시리고 하니 꺼내기 기기고 온 카메라를 집에 두고 가면 어떻겠냐?"

"…"

아버지는 어렵게 말을 꺼내셨으나 차일피일하다 아버지의 소원을 들어드리지 못하고 그냥 동독으로 돌아왔다. 그 이듬해에 아버지는 돌아가셨다. 아직도 그때 그 소원 하나 들어드리지 못한 것이 큰 한으로 남아 있다. 아마 아버지가 하늘에서 내 어리석음을 용서하여 주시리라고 믿는다.